Delete
this
Book

Mise en page : PCA-CMB.

ISBN : 978-2-84933-645-8

www.editions-tredaniel.com

info@guytredaniel.fr

www.facebook.com/editions.tredaniel

editions_contre_dires

SARAH A. L.
« LA SORCIÈRE DE TIKTOK »

Delete this Book

GÉNÉRATION Z
INTERDIT AUX PLUS DE 25 ANS

Éditions **CONTRE-DIRES**
19, rue Saint-Séverin
75005 Paris

Es-tu prêt.e à plonger dans les profondeurs de ton âme, à révéler à toi-même qui tu es réellement, à t'accepter et à t'aimer complètement ? Moi, il m'a fallu du temps pour oser affirmer réellement qui je suis, pour apprendre à m'aimer, à accepter mes différences et à en faire des atouts.

Ce livre te propose, à travers une centaine de questions, de partir à la découverte de toi-même, de réfléchir aux relations que tu entretiens avec ta famille et tes amis, de faire le point sur tes véritables aspirations et de te questionner sur ton avenir.

Considère ce livre comme un confident, comme un espace de sécurité où tu peux te lâcher.

Fais-toi vraiment plaisir !

Après l'avoir écrit, et avoir débuté ton *shadow work*, je te dirai comment te débarrasser de lui, le cacher… Pour toujours.

Sarah A. L.

TOI

Te connaître

Il est très important de bien te connaître et d'avoir la vision la plus objective de qui tu es, pour faire plus tard les choix qui te rendront heureux·se et feront de toi une personne épanouie et libre. Et, même s'il est souvent difficile d'y parvenir lorsque l'on est en pleine construction, que notre personnalité n'est pas encore totalement affirmée, ce travail vaut le coup d'être effectué. Alors, pour ce premier chapitre, je te propose de répondre le plus sincèrement possible aux questions suivantes sur ton caractère, tes aptitudes, tes failles, tes aspirations…

Tu pourrais être surpris·e du portrait dressé !

FICHE D'IDENTITÉ

Ton prénom :

Ton surnom/pseudo :

Ton signe astrologique/solaire :

Ton ascendant :

Ton signe lunaire :

Ta date de naissance :

Ta ville de naissance :

Ta ville actuelle :

La couleur de tes cheveux :

La couleur de tes yeux :

Ta taille :

Ta ou tes particularité(s) physique(s) :

La partie de ton physique que tu aimes le plus ?

La partie de ton physique que tu aimes le moins ?

À quoi ressemble pour toi le physique idéal ?

Sais-tu pourquoi tu as répondu telle ou telle réponse aux trois questions précédentes et est-ce si important ?

Si tu devais noter ton charme sur 10, quelle note te donnerais-tu ?

....

Si tu devais décrire ton caractère :

Ton plus gros défaut :

....

Ta plus grande qualité :

....

Quelles sont tes forces ?

....

....

....

....

....

Quelles peuvent être tes faiblesses ?

....

....

....

....

....

Quelles sont pour toi les 3 valeurs humaines les plus importantes ?

- ☐ Le respect
- ☐ La liberté
- ☐ L'égalité
- ☐ La paix
- ☐ La justice
- ☐ L'honnêteté
- ☐ La tolérance
- ☐ La responsabilité
- ☐ La liberté d'expression
- ☐ L'amour
- ☐ L'honneur
- ☐ La loyauté
- ☐ La solidarité
- ☐ L'authenticité
- ☐ L'aventure
- ☐ L'autonomie
- ☐ La compassion
- ☐ L'esprit de communauté
- ☐ L'amitié
- ☐ La justice
- ☐ La gentillesse
- ☐ L'ouverture d'esprit
- ☐ L'optimisme
- ☐ La reconnaissance
- ☐ Le respect de soi
- ☐ La spiritualité
- ☐ La sagesse

TU ES PLUTÔT :

(Entoure la réponse qui te ressemble le plus.)

généreux·se	ou	égoïste
bienveillant·e	ou	je m'en fous des autres
fidèle	ou	volage
dans l'action	ou	dans la réflexion
exubérant·e	ou	timide
extraverti·e	ou	introverti·e
travailleur·se	ou	proscratinateur·trice
léger·ère	ou	sérieux·se
spirituel·le	ou	cartésien·ne
famille	ou	ami·e·s
aventureux·se	ou	craintif·ve
optimiste	ou	pessimiste
naïf·ve	ou	critique
imprudent·e	ou	raisonnable
d'accord avec tout le monde	ou	sceptique

Quelle est la qualité que tu penses ne pas posséder et que tu aimerais avoir ?

....

....

De quoi es-tu le·la plus fier·ère dans ta vie ? Et pourquoi ?

....

....

....

....

....

....

....

Quel est ton plus gros échec ? Et pourquoi ?

....

....

....

....

....

....

....

Quelles sont tes trois plus grandes peurs ?

1 : ....

2 : ....

3 : ....

Qu’est-ce qui te rend le·la plus heureux·se ? Et pourquoi ?

Qu’est-ce qui t’agace le plus ? Et pourquoi ?

À ton avis, quel est le sentiment le plus beau qui existe ? L’as-tu déjà ressenti ? Si oui, quand et pourquoi ?

As-tu des piercings ou des tatouages ? Si oui, où ça, et ont-ils une signification spéciale pour toi ?

Est-ce que tu as un talent caché ?

Est-ce que tu as un vice caché ?

Est-ce que tu sais jouer d'un instrument de musique ?

As-tu un toc ou une manie ?

....

....

....

....

....

....

Quelle est ta couleur préférée ? Et est-ce que tu sais pourquoi ?

....

....

....

....

....

....

Es-tu fidèle à toi-même en société ? Es-tu identique lorsque tu es avec des gens ?

....

....

....

....

....

....

....

....

....

Si non, qu'est-ce qui t'empêche, à ton avis, d'être toi-même ?

....

....

....

....

....

....

....

....

....

Que voulais-tu faire plus tard quand tu étais enfant ? Est-ce que cela a changé ?

....

....

....

....

....

....

....

....

....

Quelle(s) langue(s) parles-tu ou as-tu étudiée(s) ?

....

....

....

Quel(s) est/sont ton/tes sport(s) préféré(s)/pratiqué(s) ?

....

....

....

....

Une chose que personne ne sait sur toi ?

....

....

....

....

Est-ce que tu t'aimes ?

....

....

....

....

Quel est l'animal à travers lequel tu te retrouves le plus ?

....

....

....

Quel est ton plus grand fantasme ?

....

....

....

....

Le mot que tu dis le plus ?

Quel smiley te représente le mieux ?

Quelle est la seule chose dont tu ne t'ennuies jamais ?

Qu'est-ce qui t'ennuie le plus dans la vie ?

Quelles sont tes passions ?

Comment aimes-tu te relaxer ?

Qu'est-ce que tu aimerais pouvoir faire plus souvent ?

Qu'est-ce que tu aimerais ne plus jamais avoir besoin de faire ?

....

....

....

....

....

....

Qu'est-ce que tu peux faire sans voir passer les heures ?

....

....

....

....

....

....

Qu'est-ce que tu fais avec plaisir au point que tu pourrais même le faire gratuitement ?

....

....

....

....

....

À quoi penses-tu le soir en te couchant ?

....

....

....

À qui penses-tu le soir en te couchant ?

....

....

....

Quelle est la première chose à laquelle tu penses en te levant le matin ?

....

....

....

Qui est la personne à qui tu penses en te levant le matin ?

....

....

....

Préfères-tu avoir des regrets ou des remords dans la vie ?

....

....

....

....

....

Quelle matière voudrais-tu voir enseignée à l'école ?

....

....

....

Quelle est ton appli préférée ?

Quelle compétence aimerais-tu développer chez toi ?

À qui laisserais-tu lire ton journal ?

Sur quelles valeurs serais-tu prêt·e à plier par amour ?

Es-tu capable de reconnaître quand tu as tort ?

Comment gères-tu ton stress ?

Connais-tu tes limites ?

Qu'est-ce qui te fait rire à chaque fois ?

Qu'est-ce qui ne te fait/fera jamais rire ?

Est-ce que tu considères que tu as eu une enfance heureuse ?

Qu'est-ce que tu ne pourras jamais pardonner?

Qu'est-ce que tu as du mal à te pardonner?

Qu'est-ce qui te met toujours en colère?

Est-ce que tu aimes être le centre des sujets de conversation ?

Qu'est-ce qui te permet de te sentir le·la plus vivant·e ?

Quelles sont les choses que tu ne t'autorises pas mais qu'au fond tu adorerais essayer ?

....

....

....

....

....

....

....

....

Quel serait le titre du livre de ta vie ?

....

TU ES PLUTÔT :

jour	ou	nuit
été	ou	hiver
TikTok	ou	Instagram
mer	ou	montagne
artiste	ou	scientifique
livre	ou	film
Netflix	ou	YouTube
être aimé·e	ou	être respecté·e
ville	ou	campagne
chien	ou	chat
Griffon d'or	ou	Serpentard
vampire	ou	loup-garou
Facebook	ou	Twitter
rock	ou	rap
fleurs	ou	plantes

TES PREMIÈRES FOIS

Les premières fois sont des moments importants de ton existence. Elles peuvent te marquer pour toujours et influencer ton comportement ou tes décisions à venir.

Alors, le plus honnêtement possible, fais le tour de tes premières fois et essaie de comprendre pourquoi elles t'ont marqué·e positivement ou négativement, et quel impact elles ont eu sur ta vie.

Quel est ton premier souvenir d'enfant ?

Quel est ton premier souvenir de bonheur d'enfant ? Et pourquoi ?

Quel est ton premier souvenir de chagrin d'enfant ? Et pourquoi ?

....

Quelle est ta première victoire dans ta vie ? Et pourquoi ?

....

Quel est ton premier échec ? Et pourquoi ? Qu'en retires-tu ?

Qui était ta ou ton premier·ère meilleur·e ami·e ? Est-il·elle toujours présent·e dans ta vie ?

Quel est le prénom de ton premier amour ?

Où s'est passé ton premier baiser ?

....

....

....

....

La première fois que tu as dit « Je t'aime ».

....

....

....

....

Qui a été la première personne qui t'a dit « Je t'aime » ? Qu'as-tu ressenti ?

....

....

....

....

....

La première fois que tu as fait l'amour (si cette première fois est arrivée) ?

....

....

....

....

....

Quel a été ton premier chagrin d'amour ? Comment te sens-tu aujourd'hui à propos de ça ?

....

....

....

....

....

....

....

....

....

....

....

Quel était le premier concert où tu es allé·e ?

....

....

....

....

Quelle est la première chose que tu aies faite qui t'a donné le sentiment de devenir un peu plus adulte ?

....

....

....

....

....

....

Te souviens-tu de ton premier regret ? Le regrettes-tu toujours ?

Te souviens-tu de la première fois où tu as dû faire toi-même un choix important ? Es-tu content·e de ce choix aujourd'hui ?

Quel a été ton premier voyage loin de chez toi ? Qu'as-tu retiré de cette expérience ?

Quelle a été la première fois où tu as ressenti de l'injustice ? Était-ce, avec du recul, vraiment injuste ?

Quel a été le premier cadeau que tu as reçu qui t'a fait très plaisir ? L'as-tu conservé ?

....

....

....

....

....

....

....

TES DERNIÈRES FOIS

Les dernières fois sont, quant à elles, tout aussi importantes. Prendre le temps de t'en souvenir peut t'aider à te demander pourquoi tu as cessé de faire une chose, ou si cette activité a eu une influence sur toi. Pareil pour tes émotions, les ressens-tu toujours ? Ou, au contraire, fuis-tu tes émotions ? Tes dernières fois sont-elles à renouveler ou à ne plus jamais faire ?

Quel est le dernier film que tu as vu au cinéma ?

....

....

Quel est le dernier achat que tu as fait ?

....

....

Quelle est la dernière chose qui t'a rendu·e triste ?

....

....

....

....

Quelle est la dernière chose que tu as regardée à la télé ?

....

À quand remonte la dernière fois où tu es allé·e en soirée ?

....

....

Quand as-tu pleuré pour la dernière fois ? Et pourquoi ?

....

....

....

....

....

Quand as-tu rigolé pour la dernière fois ? Et pourquoi ?

Quand as-tu fait quelque chose qui te faisait peur pour la dernière fois ?

Quel est le dernier livre que tu aies lu ?

Quelle est la dernière fois où tu t'es mis·e en colère ?

Qui a été ton dernier crush ?

De quand date ton dernier « Je t'aime » ? Et à qui était-il destiné ?

Quel a été ton dernier fou rire ?

Quel a été ton dernier achat un peu honteux ?

Quel a été ton dernier échec ?

Quelle a été ta dernière victoire ?

TES CROYANCES

Il est important de faire régulièrement un point sur tes croyances, car elles sont assez déterminantes dans le regard que tu poses sur le monde et dans ta compréhension des choses qui t'entourent. Il est aussi important de te demander pourquoi tu choisis d'entretenir telle ou telle croyance, ce qu'elle peut t'apporter, mais aussi les limites qu'elle peut créer.

Crois-tu au coup de foudre ?

Crois-tu en toi ? Si non, pourquoi ?

Crois-tu en tes amis ?

Crois-tu en l'amour ?

Qu'y a-t-il après la mort selon toi ?

....

....

....

....

....

Est-ce que tu crois aux entités (fantômes) ?

....

....

....

....

....

Crois-tu au karma ?

....

....

....

....

....

Crois-tu au destin ?

....

....

....

....

....

Est-ce que tu crois en la réincarnation ?

....

....

....

....

....

Crois-tu à la magie ?

....

....

....

....

....

Crois-tu à l'âme sœur ?

....

....

....

....

Crois-tu à la flamme jumelle ?

....

....

....

....

....

....

Crois-tu au pouvoir de la loi d'attraction ?

Crois-tu en un dieu ?

Crois-tu en plusieurs dieux ?

Crois-tu que l'homme soit naturellement bon ?

Crois-tu en ta génération pour faire avancer les choses de façon positive ?

Crois-tu que l'Univers peut parfois t'envoyer des signes pour t'aider dans tes prises de décisions ?

Crois-tu en l'astrologie ? Si oui, pourquoi ?

Crois-tu que les institutions peuvent encore faire avancer les choses de façon positive ?

....

....

....

....

....

Crois-tu que l'on puisse apprendre aux gens à respecter la planète ? Si oui, comment ?

....

....

....

....

....

....

....

....

....

....

....

....

....

As-tu des croyances limitantes ?

Demande-toi si tu crois aux affirmations suivantes :

La vie est dure.	Oui/Non
Je ne suis pas assez créatif·ve pour réussir.	Oui/Non
On ne peut pas tout avoir dans la vie.	Oui/Non
Pour être aimé·e, je dois faire plaisir et donner aux autres.	Oui/Non
Il faut travailler dur pour y arriver.	Oui/Non
Je ne suis pas digne d'y arriver.	Oui/Non
Je n'ai pas le droit à l'erreur.	Oui/Non
Se tromper, c'est un échec.	Oui/Non
Le bonheur n'est pas à portée de main.	Oui/Non
Je n'y arriverai jamais.	Oui/Non
C'est trop beau pour être vrai !	Oui/Non
Les autres sont meilleurs que moi.	Oui/Non
Je ne mérite pas le bonheur.	Oui/Non

TOI ET LES AUTRES

Nous ne pouvons pas vivre sans les autres. Les gens qui t'entourent contribuent à la personne que tu deviens, chaque jour. L'amour que tu leur portes, la colère qu'ils peuvent réveiller en toi, le bien-être ou la gêne que tu ressens en présence de certains d'entre eux sont autant d'émotions qui t'animent chaque jour. Alors, où en es-tu dans ton rapport aux autres ?

Fais le point maintenant.

Quelle est la personne la plus importante pour toi ? Et pourquoi ?

Avec qui aimerais-tu être en ce moment ? Et pourquoi ?

Quelle est la personne que tu hais le plus ? Et pourquoi ?

Comment est-ce que tu traites les gens que tu n'aimes pas ?

Comment est-ce que tu traites les gens que tu aimes ?

À ton avis, que pensent les gens de toi quand c'est la pree mière fois qu'ils te voient ?

Es-tu déjà tombé·e amoureux·se ? Si oui, de qui ? Et pourquoi ?

Écris les prénoms des personnes que tu as aimées et une petite phrase pour expliquer la raison de cet amour à côté de chaque prénom.

Aimes-tu quelqu'un en ce moment ? Qui et pourquoi ?

Détestes-tu quelqu'un en ce moment ? Qui et pourquoi ?

Aimerais-tu sortir avec quelqu'un ? Si oui, qui ? Et pourquoi ?

....
....
....
....
....

Qui est la personne que tu as le plus aimée dans ta vie ? Et pourquoi ?

....
....
....
....
....

À ton avis, qui peut secrètement t'aimer en ce moment ? Et cela peut-il être réciproque ?

....
....
....
....

As-tu déjà eu un crush pour un·e prof ? Si oui, qui ?

....
....
....
....
....
....

Vers qui te tournes-tu pour des conseils ? Et pourquoi ?

Vers qui te tournes-tu pour pleurer et obtenir du réconfort ? Et pourquoi ?

As-tu déjà été déçu·e par quelqu'un ? Si oui, qui ? Et pourquoi ?

As-tu déjà déçu quelqu'un ? Si oui, qui ? Et pourquoi ?

As-tu déjà été trahi·e par quelqu'un ? Si oui, qui ? Et pourquoi ?

As-tu déjà trahi quelqu'un ? Si oui, qui ? Et pourquoi ?

Est-ce que quelqu'un t'a déjà brisé le cœur ?

Avec quelle personne perdue de vue aimerais-tu renouer ?

Qui t'empêche de te sentir heureux·se ?

....

....

....

....

....

Quelles personnes te rendent heureux·se ?

....

....

....

....

....

....

....

....

....

TA FAMILLE

Frère(s)/sœur(s) et leurs âges :

....

....

....

....

Est-ce que tu t'entends bien avec tes parents ?

....

....

....

Qu'est-ce que tu aimes le moins chez les membres de ta famille ?

....

....

....

....

Qu'est-ce que tu aimes le plus chez les membres de ta famille ?

....

....

....

....

....

De qui es-tu le plus proche dans ta famille ? Et pourquoi ?

De qui es-tu le moins proche dans ta famille ? Et pourquoi ?

Qu'est-ce que tu aimerais réussir aussi bien que tes parents dans ta vie ?

Qu'est-ce que tu aimerais, au contraire, ne surtout pas reproduire ?

Est-ce que tu te sens bien dans ta famille ? Et pourquoi ?

....

....

....

....

Si tu pouvais par un coup de baguette magique changer de famille, le ferais-tu ? Si oui, pour quelle famille ?

....

....

....

....

....

TES AMIS

Qu'est-ce que tu aimes le moins chez tes amis ?

Qu'est-ce que tu aimes le plus chez tes amis ?

Qui est vraiment ton ou ta meilleur·e ami·e ? Et pourquoi ?

Quelles sont les qualités d'un·e très bon·ne ami·e ?

Qui t'inspire le plus ? Et pourquoi ?

À qui est-ce que tu ne voudrais jamais ressembler ?

Qui aimerais-tu rencontrer ? Pourquoi ? Que demanderais-tu à cette personne ?

Si tout s'écroulait de ton côté, qui serait là pour toi ?

....
....
....
....
....
....
....

Quelles sont les personnes qui te rendent vraiment heureux·se ?

....
....
....
....
....
....
....

As-tu des animaux de compagnie ? Combien et quoi ? Sont-ils importants dans ta vie ?

....
....
....
....
....
....
....

Est-ce que tu aimes parler avec des gens que tu ne connais pas ?

....

....

....

....

....

Avec quelle personne historique voudrais-tu prendre un café ?

....

....

....

....

....

....

....

....

....

TES AMOURS

Combien d'histoires d'amour as-tu vécues ?

Qui est l'ex que tu as le plus aimé·e ?

Qui est l'ex que tu as le moins aimé·e ?

Quelle est la qualité que tu recherches en premier en amour ?

As-tu un·e ex que tu n'as pas encore réussi à oublier ? Pourquoi ?

Qu'as-tu appris de l'amour lors de tes précédentes relations ?

Écris le prénom de tou·te·s tes ex et un mot pour définir cette relation ?

Est-ce que tu penses avoir déjà été amoureux·se ? De qui ?

Es-tu secrètement amoureux·se de quelqu'un en ce moment ?

Est-ce que tu as déjà trompé un·e de tes amoureux·ses ?

Un·e de tes amoureux·ses t'a-t-il déjà trompé·e ?

Décris ta relation idéale.

Quelle a été ta plus grosse douleur dans une relation ?

Quel a été ton plus beau moment dans une relation ?

Penses-tu vouloir te marier un jour ?

As-tu un fantasme ? Si oui, lequel ?

CE QUE TU AIMES

Ce que tu aimes dans la vie est ton carburant, c'est ce qui nourrit tes passions et tes envies. Il est important de toujours te rappeler ce que tu aimes vraiment car, parfois, tu peux perdre de vue ce qui t'anime véritablement au fond de toi. Garde en tête de toujours privilégier ce que tu aimes. C'est comme cela que tu resteras aligné·e.

Quel·le·s sont tes 3 acteurs/actrices préféré·e·s ?

1 : ....

2 : ....

3 : ....

Quels sont tes 3 films préférés ?

1 : ....

2 : ....

3 : ....

Quelles sont tes 3 séries préférées ?

1 : ....

2 : ....

3 : ....

Quels sont tes 3 dessins animés préférés ?

1 : ....

2 : ....

3 : ....

Quels sont tes 3 livres préférés ?

1 : ....

2 : ....

3 : ....

Quelles sont les 3 choses les plus belles au monde selon toi ?

1 : ....

2 : ....

3 : ....

Qui sont les 3 personnes que tu aimes le plus au monde ?

1 : ....

2 : ....

3 : ....

Qui sont les 3 personnes que tu détestes le plus au monde ?

1 : ....

2 : ....

3 : ....

Quels sont tes 3 lieux préférés au monde ?

1 : ....

2 : ....

3 : ....

Quelles sont tes 3 chansons préférées ?

1 : ....

2 : ....

3 : ....

Quelles sont les 3 choses qui te font te lever le matin ?

1 : ....

2 : ....

3 : ....

Quelle est ta princesse préférée ? Et ton héros préféré ?

....

....

....

....

....

Quel est ton magasin préféré ?

....

....

....

Quelle est ton expression favorite ?

....

....

....

Quelles sont tes paroles de chanson favorites ?

....

....

....

Quel est ton parfum préféré ?

....

....

....

Quel est ton parfum de glace préféré ?

....

....

....

Quelle est ta matière préférée en cours ?

....

....

....

Quelle est ta boisson alcoolisée préférée ?

....

....

....

Quelle est ta couleur préférée ? Que représente-t-elle pour toi ?

....

....

....

Quel est ton chiffre favori ? Pourquoi ?

....

....

....

Quelle est ta citation préférée ? Pourquoi ?

....

....

....

....

....

Quel est ton jeu de société préféré ?

....

....

....

Quelle est ta ville préférée ?

....

....

....

Quel est ton groupe/chanteur·euse préféré·e ?

....

....

....

TES ESSENTIELS

Quelles sont les choses que tu emporterais sur une île déserte ?

....

....

....

....

....

....

Ta chambre prend feu, que sauves-tu ?

....

....

....

....

....

....

Quel est l'objet sans lequel tu ne pourrais pas vivre ?

....

....

....

....

....

....

....

La (ou les) chose(s) sans laquelle (lesquelles) tu ne peux pas sortir de chez toi ?

....

....

....

....

....

BILAN DE TA VIE

Il n'y a pas d'âge pour faire des bilans de vie, et il est parfois nécessaire que tu marques un stop pour regarder le plus honnêtement possible ta vie, aujourd'hui. Cela te permet de repartir avec des objectifs plus clairs et de revoir tes priorités.

Alors, où en es-tu, à ce moment précis ?

De quoi as-tu le plus besoin dans ta vie ?

....

....

....

....

De quoi as-tu besoin de te séparer ?

....

....

....

....

Quelles croyances te retiennent de vivre ta vie de rêve ?

....

....

....

....

....

....

À quoi tu voudrais que ta vie ressemble dans trois ans ?

....

....

....

....

....

....

Quel est ton plus grand rêve ?

....

....

....

....

....

....

....

....

Quelle est la plus grosse erreur que tu aies faite ?

....

....

....

....

....

....

....

Quel est le meilleur conseil que tu aies reçu ?

....

....

....

....

....

....

....

Quelle est la chose la plus importante dans ta vie en ce moment ?

Est-ce que quelqu'un, ou quelque chose, te manque en ce moment même ?

Quel est ton pire problème en ce moment ?

Qu'est-ce qui t'inquiète le plus dans la vie ?

Que peux-tu faire pour simplifier ta vie aujourd'hui ?

Tu te sens bien ici ? L'endroit où tu te sens le mieux ?

Aimes-tu la personne que tu es devenue ? Pourquoi ?

Quelles habitudes aimes-tu le plus chez toi ?

Quelles habitudes voudrais-tu changer ?

Qu'est-ce qui te fait sentir le·la plus puissant·e ?

Qu'est-ce qui te fait sentir misérable ?

Qu'est-ce qui te fait rougir ?

Quand tu as du temps libre, qu'est-ce que tu préfères faire ?

Quel est le compliment que tu as reçu qui t'a fait le plus plaisir ?

Quel est le plus bel endroit où tu es allé·e ?

Quelle leçon as-tu apprise de la vie ?

Quel est ton plus grand regret ?

De quoi as-tu besoin de guérir en ce moment ?

Qu'est-ce que tu as besoin de te pardonner et à qui dois-tu pardonner pour avancer ?

Si tu pouvais revivre un moment, lequel voudrais-tu revivre ?

Quelle est la chose la plus folle que tu aies faite ?

Si tu devais noter sur 20 le déroulement de ta vie aujourd'hui, quelle note lui donnerais-tu ? Et pourquoi ?

JUSTEMENT… ET SI…

Si tu pouvais te téléporter, où serais-tu en ce moment ?

....

....

....

....

Si tu pouvais voyager dans le temps, où irais-tu ?

....

....

....

....

Si tu pouvais être un animal, lequel serais-tu ? Et pourquoi ?

....

....

....

....

Si tu changes aujourd'hui, comment pourrait être ta vie dans cinq ans ?

....

....

....

....

Si tu ne changes rien aujourd'hui, comment sera ta vie dans cinq ans ?

....

....

....

....

Si tu avais 90 ans, quels seraient tes meilleurs souvenirs de vie ?

....

....

....

....

Si tu pouvais changer une chose chez toi (sans obligatoirement être ton physique), qu'est-ce que ce serait ?

....

....

....

....

....

Si l'argent n'importait pas, que ferais-tu dans la vie ?

....

....

....

....

....

Si tu pouvais avoir n'importe quel super pouvoir, lequel choisirais-tu ? Pourquoi ?

....

....

....

....

....

Si tu pouvais vivre à une autre époque, laquelle ce serait ?

....

....

....

....

....

Si tu gagnais un million d'euros, que ferais-tu avec cet argent ?

....

....

....

....

....

Si tu pouvais te réincarner en n'importe quelle célébrité, laquelle choisirais-tu ? Et pourquoi ?

....

....

....

....

Si tu pouvais avoir le talent que tu souhaites, lequel choisirais-tu ? Et pourquoi ?

Si tu pouvais ressusciter un·e musicien·ne, ce serait qui ?

Si tu pouvais épouser un personnage de série TV, ce serait qui ? Et pourquoi ?

Si tu n'avais aucune peur, que ferais-tu / qui serais-tu ?

Si ta vie se terminait aujourd'hui, aurais-tu des regrets ?

S'il te restait une journée à vivre, qu'est-ce que tu ferais ?

Si tu pouvais vivre une vie où tu ne fais que ce que tu veux, qu'est-ce que tu ferais ?

Si la vie s'arrêtait aujourd'hui, qu'est-ce que tu regretterais de ne pas avoir fait ?

Si tu pouvais apporter un seul changement dans ce monde, que serait-il ?

....

....

....

....

Si un génie pouvait te réaliser trois vœux, qu'est-ce que tu choisirais ?

1 : ....

2 : ....

3 : ....

GRATITUDE

Nourrir ta gratitude est capital pour t'épanouir. Ce n'est peut-être pas naturel pour toi aujourd'hui, mais tu peux apprendre à le faire. Tu verras que tu pourras en tirer une grande joie et un grand apaisement. Là, je te propose de le faire une fois dans ce livre, mais c'est bien si tu prends l'habitude de le faire régulièrement.

Qu'est-ce qui t'a fait sourire aujourd'hui ?

Qu'as-tu appris aujourd'hui ? Comment vas-tu pouvoir l'utiliser ?

De quoi es-tu le·la plus reconnaissant·e actuellement ?

Pour quelle(s) chose(s) que la vie t'a déjà apportée(s), es-tu reconnaissant·e ?

....

....

....

....

....

....

....

....

....

....

DEMAIN

Toujours garder un œil sur l'avenir pour ne pas perdre de vue tes objectifs en te faisant happer par les problèmes du présent. Tu as la vie devant toi, alors qu'en feras-tu ? Où seras-tu ? Qui deviendras-tu ?

Quelle orientation veux-tu donner à ta vie et quel sera ton objectif principal ?

....

....

....

....

....

....

....

....

Quelles personnes ont réussi à atteindre des objectifs similaires ? Comment ont-elles réussi à les atteindre ?

....

....

....

....

....

....

....

....

Qu'aimerais-tu dire à l'adulte que tu seras demain ?

....

....

....

....

....

Quelles sont les cinq actions principales que tu t'engages à mener ?

1 : ...

2 : ...

3 : ...

4 : ...

5 : ...

Qu'est-ce qui ferait que, dans un an, tu te sentirais plus heureux·se qu'aujourd'hui ?

Quels sacrifices es-tu prêt·e à faire pour être heureux·se ?

Où seras-tu en 2030 ?

Aimerais-tu être célèbre ? Pourquoi ?

Quel métier aimerais-tu faire ?

Quel pays rêves-tu de visiter ? Et pourquoi ?

Dans quel pays voudrais-tu vivre ?

Qu'est-ce que tu aimerais accomplir un jour ? Et qu'est-ce qui t'empêche de commencer à le réaliser dès aujourd'hui ?

Quelle est l'habitude que tu voudrais le plus arrêter et celle que tu voudrais le plus commencer ?

Quel souvenir voudrais-tu que les autres gardent de toi après ta mort ?

TES SECRETS

On a tous une partie sombre et un jardin secret. Il ne faut pas en avoir honte. C'est ton droit de garder certaines choses pour toi, juste pour toi. Ce qui est important, en revanche, c'est de ne pas te mentir à toi-même.

Alors, dis-toi tout !

Que caches-tu à ton/tes amoureux·ses ?

Que caches-tu à tes parents ?

Que caches-tu à tes meilleurs amis ? Et pourquoi ?

Quel est le secret que tu gardes pour toi depuis longtemps et qui te pèse le plus ? Pourquoi ?

Sur quels sujets t'arrive-t-il de mentir ?

Ton âge ?	Oui/Non
Ta situation amoureuse ?	Oui/Non
Tes notes ?	Oui/Non
Ce que tu fais de ton temps libre ?	Oui/Non
L'argent ?	Oui/Non
Tes opinions politiques ?	Oui/Non
Ce que tu montres de toi sur les réseaux sociaux est-il fidèle à la réalité ?	Oui/Non

TES RÉSEAUX SOCIAUX

Sur quels réseaux sociaux es-tu inscrit·e ? Et pourquoi ?

Que recherches-tu avec les réseaux sociaux ?

- ☐ La célébrité
- ☐ Te faire des potes
- ☐ Trouver l'amour
- ☐ Un moyen de gagner de l'argent
- ☐ Un moyen de libérer ta créativité
- ☐ Un moyen de te réinventer et d'être qui tu veux vraiment

Quelle personnalité de TikTok t'inspire le plus ? Et pourquoi ?

Y a-t-il des personnalités sur TikTok, que tu détestes ? Et pourquoi ?

....

....

....

....

....

Quelle personnalité de Snapchat t'inspire le plus ? Et pourquoi ?

....

....

....

....

....

Y a-t-il des personnalités sur Snapchat que tu détestes ? Et pourquoi ?

....

....

....

....

Quelle personnalité de Youtube t'inspire le plus ? Et pourquoi ?

....

....

....

....

....

Y a-t-il des personnalités sur Youtube que tu détestes ? Et pourquoi ?

Quelle personnalité d'Instagram t'inspire le plus ? Et pourquoi ?

Y a-t-il des personnalités sur Instagram que tu détestes ? Et pourquoi ?

Est-ce que tes parents savent ce que tu publies sur les réseaux ?

Est-ce que tu penses que ce tu vois de la vie des autres sur les réseaux sociaux est réel ?

....

....

....

....

....

....

Est-ce que tu penses que les réseaux sociaux peuvent être toxiques ? Et pourquoi ?

....

....

....

....

....

....

Est-ce que tu penses que les réseaux sociaux peuvent t'enfermer dans un monde virtuel et te couper de ton entourage physique proche ?

....

....

....

....

....

....

....

Depuis quel âge es-tu présent·e sur les réseaux sociaux ?

....

....

....

....

....

....

....

TU ES PLUTÔT :

passif	ou	actif
post	ou	stories
trend	ou	originalité
live	ou	vidéo montée
vidéos instructives	ou	vidéos dramas
abonnement	ou	pour toi

LES LISTES DE TA VIE

Fais la liste des vingt choses qui te font plaisir ou sourire dans la vie.

1 : ....

2 : ....

3 : ....

4 : ....

5 : ....

6 : ....

7 : ....

8 : ....

9 : ....

10 : ....

11 : ....

12 : ....

13 : ....

14 : ....

15 : ....

16 : ....

17 : ....

18 : ....

19 : ....

20 : ....

Fais la liste de toutes les choses pour lesquelles tu aimerais dire « Non » mais pour lesquelles tu dis « Oui » aujourd'hui.

Fais la liste des 101 choses que tu voudrais faire dans les 101 prochains jours.

1: ....
2: ....
3: ....
4: ....
5: ....
6: ....
7: ....
8: ....
9: ....
10: ....
11: ....
12: ....
13: ....
14: ....
15: ....
16: ....
17: ....
18: ....
19: ....
20: ....
21: ....
22: ....
23: ....
24: ....
25: ....
26: ....
27: ....
28: ....
29: ....
30: ....
31: ....
32: ....
33: ....
34: ....

35: ....
36: ....
37: ....
38: ....
39: ....
40: ....
41: ....
42: ....
43: ....
44: ....
45: ....
46: ....
47: ....
48: ....
49: ....
50: ....
51: ....
52: ....
53: ....
54: ....
55: ....
56: ....
57: ....
58: ....
59: ....
60: ....
61: ....
62: ....
63: ....
64: ....
65: ....
66: ....
67: ....
68: ....
69: ....
70: ....
71: ....
72: ....

73: ....

74: ....

75: ....

76: ....

77: ....

78: ....

79: ....

80: ....

81: ....

82: ....

83: ....

84: ....

85: ....

86: ....

87: ....

88: ....

89: ....

90: ....

91: ....

92: ....

93: ....

94: ....

95: ....

96: ....

97: ....

98: ....

99: ....

100: ....

101: ....

Fais la liste des dix choses que tu possèdes qui te sont le plus précieuses.

1 : ....

2 : ....

3 : ....

5 : ....

6 : ....

7 : ....

8 : ....

9 : ....

10 : ....

Fais la liste des personnes que tu dois parvenir à faire sortir de ta vie parce qu'elles sont toxiques.

....

....

....

....

....

....

....

....

....

....

....

....

Fais la liste de toutes les choses qui te mettent vraiment en colère.

Qu'as-tu appris de primordial sur toi-même en répondant à toutes ces questions ?

CONCLUSION

Si tu es arrivé·e jusqu'à cette page, c'est que tu as répondu à beaucoup de questions qui t'ont permis de te questionner sur toi-même et sur ta part d'ombre.

Comment te sens tu ?

☐ Content·e

☐ Soulagé·e

☐ Triste

☐ Heureux·se

☐ Nostalgique

☐ Fier·ère

☐ Déterminé·e

Pourquoi ressens-tu cette émotion ?

....

....

....

Y a-t-il une autre question que tu aurais aimé que je te pose ? Laquelle et pourquoi ?

....

....

....

Essayer de faire ressortir cette partie de nous, qui est parfois très profondément enfouie, n'est pas toujours facile.

Tu as peut-être ressenti de la peur, du stress ou de l'appréhension lors de certaines réponses, et c'est totalement normal.

Tu ne dois pas faire disparaître ce travail de *shadow work* que tu as effectué – car c'est cela qui va te permettre de mieux te comprendre –, mais il faut éliminer les sentiments négatifs que tu ressens en les évoquant.

C'est ce que je te propose de faire maintenant. Mais, avant de scanner le QR code ci-dessous, prends quelques instants pour penser à tout ce que tu as écrit et questionne-toi une dernière fois.

As-tu réussi à être complètement honnête ?

Quelles étaient les réponses les plus difficiles à donner?

Quelles étaient les réponses les plus faciles à donner?

Quels sont les sentiments dont tu veux te débarrasser?

Félicitations à toi d'avoir effectué ce travail
qui n'est pas toujours évident !

NOTES

....

....

....

... .

. ...

....

....

....

....

....

....

....

... .

. ...

....

....

....

....

. ...

....

....

....

....

. ...

....

....

Achevé d'imprimer en mai 2021
sur les presses de la Nouvelle Imprimerie Laballery
58500 Clamecy
Dépôt légal : juin 2021
Numéro d'impression : 105508

Imprimé en France

La Nouvelle Imprimerie Laballery est titulaire de la marque Imprim'Vert®